FACTUM

Pour les petits Fils & Heritiers de feu Jean Otto Acquoy, & petits Neveux de feu Illustrissime & Reverendissime Messire Cornelius Jansenius Evêque d'Ipre, Demandeurs.

CONTRE

Le P. Cornelius Hazart, Prestre Jesuite à Anvers ; & M. Antoine Hoefslaegh, Prestre & Censeur des Livres à Anvers, Defendeurs.

LE P. Cornelius Hazart Prestre de la Compagnie de Jesus a fait un ouvrage en Flamend divisé en trois Parties ou Volumes in folio qui a pour titre : *Triomphe des Papes de Rome*, &c. *composé par le R. P. Cornelius Hazart Prestre de la Societé de Jesus. Imprimé à Anvers, chez Michel Knobbaert, à l'enseigne de S. Pierre, proche la Maison Professe.* 1681. Il donne à tous ses Livres le titre de *Triomphe.*

C'est dans la 3. partie de ce Triomphe que le P. Hazart, violant toutes les loix de la verité & de la justice, assure & publie que le P. de l'Illustrissime & Reverendissime Messire Cornelius Jansenius, lequel s'appelloit Jean Otto Acquoy, estoit heretique Calviniste : *Son Pere*, dit le P. Hazart, *estoit geus.* Ce qui est tres-faux & tres-injurieux tant à la memoire dudit Jean Otto Acquoy, qui a toûjours esté tres-Catholique & tres-pieux, comme on le fera voir cy-aprés : qu'à toute sa famille, en laquelle il n'y en a jamais eu aucun, qui n'ait esté tres-attaché à la foy Catholique, & qui n'ait eu beaucoup de zele pour l'Eglise Romaine. Au dit Triomphe pag. 297. col. 1.

Aprés que le P. Hazart a ainsi déchiré le Pere ; voicy comme il traite le fils, qui est l'Illustrissime & Reverendissime Messire Cornelius Jansenius : Estant devenu plus grand, dit le P. Hazart, il fist paroistre exterieurement qu'il estoit Catholique : *Al hoe wel dat syne soon nu meerder gheworden zynde syn selve uyt-gaf voor Catholyck :* donnant à penser par cette expression, que lors que M. Jansenius commença à croître, il feignit d'estre Catholique, & qu'il ne le fust qu'en apparence. Au lieu cité.

Quelque outrageuse & sanglante que soit cette injure, elle ne satisfait pas la passion qu'a le P. Hazart contre la personne de ce tres-pieux & tres-sçavant Prelat. Il la pousse plus avant, & il avance & publie que lors qu'il

n'estoit encore que Docteur, il fut deputé de l'Université de Louvain, pour aller à la Cour d'Espagne y solliciter les affaires de cette Université contre les Jesuites *(hæc prima mali labes :)* & que *pendant qu'il poursuivoit cette affaire, il commença à semer en secret sa nouvelle doctrine. Mais qu'il ne le pust faire si secretement, que l'Inquisition n'en fust avertie. Ce que Jansenius ayant découvert, il partit en grande hâte : en sorte que les Officiers de l'Inquisition vinrent à son logis pour le prendre, peu de temps aprés son départ.*

Au mesme Livre pag. 298. col. 1.

Cette calomnie, quoy que tres-grossiere, est extremement outrageuse à un Docteur & à un Prelat du merite de feu M. Jansenius. Neanmoins ce n'est rien en comparaison de ce qui suit. *Jansenius revenant d'Espagne prît son chemin par la France,* poursuit le P. Hazart, *où il se trouva avec l'Abbé de S. Cyran son ancien amy, & quelques autres, à une conference qui se tint proche de Paris dans un lieu nommé Bourg-fontaine. L'Abbé de S. Cyran parla le premier, & il dit :* Puis qu'il n'y a qu'un Dieu qu'on doit croire; il faut éclairer les yeux des hommes en aneantissant les Mysteres, dont la creance est inutile & une fourberie, &c. *Jansenius fut de mesme avis, &c.*

Au lieu cité.

Ce peut-il rien dire de plus terrible & de plus outrageux, non seulement d'un Docteur, mais mesme d'un Chrestien ? Neanmoins l'horreur & la fausseté évidente de cette calomnie, & de toutes les autres, n'ont pas empeché que le P. Hazart n'ait trouvé un Approbateur de son Livre. M. Antoine Hoefslaegh, Prestre & Censeur des Livres à Anvers, n'a pû refuser ce bon office au P. Hazart. Mais il ne s'est peut-estre pas apperçû qu'il se rendoit complice de ses colomnies, en leur donnant son Approbation, dans laquelle il s'est avisé de dire que *ce que ce Livre contient est veritable, & vient à propos.*

En l'Approbation dudit Livre.

Ce Livre se debitant en Hollande; les petits fils dudit Jean Otto Acquoy, petits neveus de l'Illustrissime & Reverendissime Messire Cornelius Jansenius, & nommement Guillaume & Guisbert Everts, & Catherine Jans Acquoy, ont appris avec beaucoup de douleur cette maniere outrageante, avec laquelle le P. Hazart traitte leur grand-Ayeul, & leur grand-Oncle; & ces effroyables calomnies, dont il s'efforce de les noircir & toute leur famille.

Cui hæredes bonorumve possessores existimus, injuriarum nostro nomine habemus actionem. Spectat enim ad existimationem nostram, si qua ei fiat injuria. Idemque & si fama ejus, cujus hæredes existimus, lacessitur. l. injuria DD. de injuriis & famos. libel.

Dans le ressentement d'une si juste douleur, lesdits Guillaume & Guisberts Everts, & Catherine Jans Acquoy outre le droit que leur donnent les loix DD. l. 4. t. 10. *de injuriis & famosis libellis c. injuria*: se sont crû obligez devant Dieu & en conscience, de repousser des calomnies, de la fausseté desquelles ils sont assurez ; & de soutenir & défendre la reputation de leur grand-Ayeul & de leur grand-Oncle, & l'honneur de toute leur famille.

Ils sçavent que quoy qu'on puisse quelquefois souffrir dans un silence chrestien d'autres outrages & d'autres injures, qu'on nous fait : les Chrestiens ne sçauroient, sans manquer à ce qu'ils doivent à Dieu & à leur Religion, souffrir qu'on leur reproche le crime de l'heresie ou de l'impieté : parce que ce seroit renoncer tacitement & en quelque maniere sa foy & sa Religion, que de se taire sur ce reproche, & de ne le pas repousser.

Ils

Ils s'y sentent d'autant plus obligez, que le P. Hazart, qui publie ces calomnies, s'est acquis de la creance dans l'esprit du peuple, qui n'a pas assez de discernement, pour distinguer la verité d'avec le mensonge; & qui croiroit aveuglement les calomnies de ce Pere, si on ne s'y opposoit.

Pour satisfaire donc à ce qu'ils doivent à leur grand-Ayeul, & à leur grand-Oncle, & à toute leur famille; lesdits Guillaume & Guisberts Everts, & Catherine Jans Acquoy, se sont adressez à Monseigneur l'Internonce de nostre saint Pere à Bruxelles, par une Requeste qui luy a esté presentée en leur nom le Janvier de la presente année 1685. dans laquelle ils luy demandent des Juges contre ledit P. Cornelius Hazart, le suppliant de vouloir nommer à cet effet Monseigneur l'Illustrissime Archevêque de Malines, ou le Reverendissime Abbé du Parck prés de Louvain ou enfin le Reverendissime Abbé de Vlierbeck aussi prés de Louvain.

Mais quelque juste que fut cette Requeste, où on ne demandoit que des Juges & des Juges sans reproche; M. l'Internonce ne jugea pas à propos de la répondre, ny de donner des Iuges, sans avoir pris conseil & sans en avoir communiqué avec le P. Hazart.

Les Demandeurs retournerent donc le 27. du mois de Fevrier chez M. l'Internonce; & ils le supplierent derechef de vouloir bien répondre leur Requeste, & leur donner des Juges. Sur quoy M. l'Internonce leur dist qu'il avoit vû le P. Hazart, & que ce Pere ne vouloit point de procez; mais qu'il estoit content de reparer le tort qu'il pourroit avoir fait. Les Complaignans repliquerent que l'injure estant publique, la reparation le devoit aussi estre, & se devoit faire par l'autorité de la Justice. Cela parut si juste à M. l'Internonce, qu'il declara qu'il n'empécheroit point qu'on ne fist justice, & que cela estoit raisonnable: témoignant mesme que les calomnies dont on se plaint en la Requeste, sont en effet tres-horribles. Et quoy qu'il ne fust point juge, il demanda à voir le livre, d'où elles sont tirées, & les termes de l'Approbation; remettant cependant les Demandeurs à huit ou dix jours.

Mais ils n'eurent aucune réponse de M. l'Internonce, que trois mois aprés, c'est à dire, vers la fin du mois de May; auquel temps il répondit qu'il donneroit pour Juge M. l'Evéque d'Anvers, & qu'il n'en donneroit point d'autre. Cette réponse par laquelle on refusoit contre l'usage ordinaire, de donner pour Juge aucun de ceux qu'on avoit nommez, & on declaroit qu'on n'en auroit point d'autre qu'un Evêque interessé dans la cause, son Censeur estant un des accusez, surprit extremement les Demandeurs, qui la prirent pour un deni de Justice.

Ils crurent neanmoins qu'avant que d'en porter leurs plaintes à un autre Tribunal; ils devoient encore presenter à M. l'Internonce un memoire contenant les moyens ou raisons, qu'ils ont de recuser cet Evéque. Et en effet ils luy presenterent ce memoire avec leurs moyens de recusation, le 25. de Juin. Et M. l'Internonce demanda du temps pour déliberer. Pendant lequel ayant consideré les causes de recusation qu'on avoit proposées. Il n'insista plus à donner M. l'Evêque d'Anvers. Mais il dit enfin aux Demandeurs

 que

que s'ils ne vouloient point avoir cet Evêque pour Iuge, on leur donneroit M. l'Evêque de Bruges: de quoy ils ne furent pas moins étonnez.

Car d'une part ils ont appris, que cet Evêque est si declaré partisan des Peres Iesuites, qu'il n'y a pas lieu de s'attendre qu'il tinst la balance droite, entre les Demandeurs & un des principaux de ces Peres, à qui il s'agit de faire souffrir la peine des Calomniateurs; & s'agissant de l'autre de calomnies écrites en Flamend, & dont une consiste dans la force de l'expression de cette langue, c'est une affectation visible, de ne vouloir donner aucun des Iuges qu'on a proposez qui sont Flamends & sçavent fort bien le Flamend, pour en aller chercher un autre qui n'est pas Flamend, mais Bourguignon, & qui ne sçait au plus que quelques mots de la langue Flamende.

C'est ce qui oblige les Demandeurs, aprés tant de delais & de refus, à faire éclater, à leur grand regret, l'injustice qu'on leur fait, & la justice de leur cause: tandis qu'ils pensent aux moyens qu'ils doivent prendre, pour, au cas que M. l'Internonce persiste à leur refuser & dénier la justice, se pourvoir devant d'autres Tribunaux, contre le P. Hazart & M. Antoine Hoefslaegh, comme contre des Diffamateurs & Calomniateurs publics, qui ont noirci par leurs écrits la memoire de feu Iean Otto Acquoy, leur grand-Ayeul, & celle de feu l'Illustrissime & Reverendissime Messire Cornelius Iansenius, Evêque d'Ipre, leur grand-Oncle.

[illegible] Ils soûtiennent donc 1. que ce qui est porté dans leur plainte, & tout ce que le P. Hazart a dit dans son Livre contre l'honneur de leurdit grand-Ayeul & de leurdit grand-Oncle, comme on l'a rapporté cy-dessus; est si constamment faux, que lesdits P. Hazart & M. Antoine Hoefslaegh ne sçauroient produire aucune preuve valable, ny aucun témoignage authentique d'aucun de ces faits injurieux. Ce qui seul suffit pour que lesdits P. Hazart, & M. Antoine Hoefslaegh, qui les ont publiez & authorisez, demeurent convaincus de calomnie, & soient condamnez & punis comme des Diffamateurs & Calomniateurs. Car ils n'ont rien dû publier de si important, sans en avoir en main de bonnes preuves: & c'est à ceux qui publient des faits injurieux, de les prouver: faute de quoy ils doivent estre tres-severement punis, selon les decrets du Pape Adrianus: *c. qui in 5. q. 1.* & selon la Loy *si quis famosum c. de famosis libellis.*

[illegible] Ils soûtiennent 2. que c'est contre toute verité & contre toute justice, que ledit P. Hazart a dit & publié, & que M. Antoine Hoefslaegh a approuvé comme veritable, que le Pere de M. Jansenius estoit heretique: & que c'est par un artifice tres-calomnieux, que ledit P. Hazart a ajoûté que ledit M. Iansenius estant devenu grand parut exterieurement Catholique.

Car il est d'une évidence publique, & tous ceux qui connoissent la famille dudit Iean Otto Acquoy, Pere de M. Iansenius, sçavent que ny luy, ny son fils, ny aucun de toute cette famille n'ont jamais esté heretiques: mais qu'au contraire la benediction de Dieu a esté si grande sur ledit Iean Otto Acquoy, sur M. Cornelius Iansenius son fils, & sur tous ses autres enfans & descendans; qu'ils ont tous esté, comme le sont encore tous

ceux

ceux qui vivent, tres-attachez à la foy Catholique; & que c'est à cette famille qu'on en doit la conservation à Leerdam en Hollande, où M. Jansenius est né : Car c'est ledit Jean Otto Acquoy Pere de M. Jansenius, & aprés luy Otto Jansen Acquoy son fils & frere de M. Jansenius & Ayeul des Demandeurs, qui s'exposant à perdre leur vie & leurs biens, ont donné leur logis pour y assembler les Catholiques, & pour y faire le service Divin. Et ils entretenoient mesme le P. Stock Jesuite, qui y prêchoit & administroit les Sacremens en qualité de Missionnaire. Ces faits sont d'une evidence publique, & connus de tous les Catholiques de Leerdam & des environs, qui en peuvent rendre témoignage, aussi bien que les anciens habitans de Renoy proche Leerdam, dont on a le témoignage en bonne forme, rendu devant les Echevins dudit Renoy. On en trouvera la copie à la fin de ce Factum.

C'est donc non seulement une tres-noire calomnie & une tres-horrible injustice au P. Hazart & à son Approbateur, d'avoir écrit & publié des choses si injurieuses contre la foy & la Religion d'une famille, qui l'a si vigoureusement conservée : mais c'est encore une honteuse ingratitude à ce Pere, d'avoir voulu diffamer une famille, qui a nourri & entretenu si charitablement son confrere.

Bien loin aussi que M. Jansenius n'eust fait profession de la foy Catholique, qu'en apparence, comme le P. Hazart veut le faire croire : sa conduite uniforme dans tous les exercices de la pieté Chrestienne, & le zele ardent pour la foy Catholique, qui ont paru en luy dans tous les temps de sa vie, sont des preuves certaines & incontestables de la pureté & de la sincerité de sa foy, & une entiere conviction des calomnies du P. Hazart & de son Approbateur & complice.

Aprés que M. Jansenius fut promû au Doctorat dans la celebre Université de Louvain, qui fut l'an 1617. quelles preuves ne donna-t'il pas de l'amour, dont il brusloit pour la verité, qui luy fist prendre pour devise ces beaux mots, *in charitate & veritate* : *en charité & en verité* : & du zele ardent qu'il avoit pour la foy Catholique?

Ne fut-ce pas par l'ardeur de cét amour, & de ce zele, que M. Jansenius voyant qu'un des plus fameux Ministres Protestans d'Hollande avoit fierement defié tous les Docteurs Catholiques de disputer contre luy, il entra en lice, & combattit avec tant de force contre cét ennemy, qu'il fit triompher deux fois la verité & la foy Catholique du mensonge & de l'erreur. Ce triomphe de M. Jansenius n'estoit pas de ceux qui n'en ont que le titre. Pour en juger, & pour en connoistre la solidité, il ne faut que lire les Sçavans livres, qu'il écrivit contre ce fameux Protestant. M. Voetius.

Il ne faut que lire l'*Alexipharmacum* qu'il composa, & qu'il adressa aux Bourgeois de Bolduc, & son *Eponge* contre le Ministre Voetius pour voir la verité de la creance de l'Eglise victorieuse : & pour s'étonner que le P. Hazart approuvé de M. Antoine Hoefslaegh, ait osé vouloir faire passer ce genereux & sçavant défenseur de la foy, pour un faux Catholique, qui n'en avoit que les apparences.

Si,

Si, outre ces preuves effectives, on veut encore des témoignages authentiques & desinteressez de la foy de M. Jansenius, & de celle de son Pere, on peut voir le témoignage public qu'en rend M. Valerius André Dresselius dans sa Bibliotheque de Flandre. Il y dit expressément que le Pere & la Mere de M. Cornelius Jansenius estoient d'honnestes gens & Catholiques; *Cornelius Jansenius Leerdamensis*, dit cét Auteur, *apud Batavos honestis* CATHOLICISQUE NATUS PARENTIBUS *anno D.* 1585. Et un peu aprés, touchant ses vertus, ne conte-t'il pas sa pieté & sa religion envers Dieu, comme la premiere de toutes, *de cœteris ejus virtutibus, de pietate & religione in Deum, &c.* Voilà le témoignage public, authentique & irreprochable de la foy de M. Jansenius & de celle de son Pere, qu'en a rendu un Historien de son temps, qui l'a parfaitement connu, & qui ne sçauroit estre suspect.

On trouve encore d'illustres témoignages de la foy, de la pieté, & de la science de M. Jansenius dans la Flandre Illustrée de Sanderus, dans la France Chrestienne de MM. de Sainte Marthe, dans Aubertus Miræus rapporté dans le grand Dictionnaire Historique de Louis Moreri : tous Auteurs connus, desinteressez & de bonne foy. On pourroit mesme ajoûter plusieurs autres témoignages rendus par les Jesuites mesmes, qui entre les Eloges, qu'ils donnoient à M. Jansenius, lors qu'il fut Evêque le loüoient de ce qu'il avoit conservé & retenu la foy de ses Peres:

INNOCUUS VITÆ, VIR RELIGIONIS AVITÆ.

Mais ce que nous avons rapporté n'est que trop suffisant pour justifier la plainte des Demandeurs, & pour confondre le P. Hazart & son Approbateur, qui ne sçauroient produire le témoignage d'aucun Historien, ny aucune preuve authentique des calomnies qu'ils ont publiées.

Le P. Hazart pour se deffendre contre cette accusation, a donné à M. l'Internonce, quoy qu'il ne soit point Juge en cette cause, un Ecrit, où il dit qu'il n'est point calomniateur, parce qu'il n'a publié ces calomnies, qu'aprés Moyse du Bourg, qui est un Jesuite de Bordeaux.

Il est vray que ce Jesuite a eu la hardiesse d'assurer dans un petit Libelle, qu'il intitula, *Histoire du Jansenisme*, que le pere de Cornelius Jansenius fit profession de l'heresie des Calvinistes; quoy que son fils, avoüe-t'il, estant en âge se declara Catholique. Mais cela ne justifie en nulle maniere le P. Hazart, ny M. Antoine Hoefslaegh, son complice & son Approbateur.

Car 1. non seulement les premiers Auteurs des calomnies & des Libelles diffamatoires sont obligez à restituer l'honneur de ceux qu'ils ont diffamez, & doivent estre punis; mais aussi ceux qui gardent un grand nombre de ces libelles ou qui les debitent, & qui publient ce qu'ils contiennent. La Loy est terrible sur cela, & elle ordonne mesme que ces semeurs de calomnies, quoy qu'ils n'en soient pas les Auteurs soient punis de peine capitale : *l. unica c. de famosis libellis.*

[illegible] l. unica c. de famosis libel.

Comment donc le P. Hazart, qui bien loin de cacher ou de brûler, comme cette loy ordonne, ces libelles diffamatoires remplis de mensonges & de calomnies, les renouvelle & les debite en les imprimant dans une autre langue, güe, & en les publiant comme des veritez, non dans de petits livres bleus, qui se perdent, mais dans de gros livres, ou elles deviennent comme eternelles; comment, dis-je, peut-il eviter d'estre condamné avec son Approbateur & complice à restituer l'honneur de M. Jansenius & de son Pere; & aux autres peines que les Loix ordonnent contre les diffamateurs?

2. Le P. Hazart, qui s'érige en Historien, n'a pas dû dans un point, où il s'agist de l'honneur d'un Evêque, & de celuy de toute une famille, s'appuyer sur un miserable livret, qui n'a nulle authorité, & qui est remply d'impostures visibles: comme lors que pour donner un mépris de M. Jansenius en le representant comme un pauvre Ecolier sans merite & sans appuy, il dit qu'au retour de son voyage de France, où il ne fut qu'aprés avoir esté Premier de l'Université de Louvain, & y avoir fait toutes ses estudes de Theologie, il eut bien de la peine à estre receu *Boursier* dans le College de Hollande, au lieu qu'il en fust estably President, & que ce fust par ses soins qu'il fut achevé.

Ces faussetez sensibles, & plusieurs autres aussi grossieres, que le P. Hazart pour peu de discernement qu'il ait, a pû appercevoir dans ce Libelle du P. du Bourg, luy ont dû faire connoistre qu'il ne meritoit nulle creance, & qu'il ne devoit pas sur la foy d'un si miserable Auteur, publier des faits si importans & si injurieux.

3. Le P. Hazart n'a pas dû suivre aveuglement le témoignage d'un Auteur François, qui a écrit en Gascogne, à prés de deux cent lieües de Hollande, sur un fait, dont il estoit tres-aisé au P. Hazart de s'instruire; puisqu'il n'est éloigné de Leerdam, qui est le lieu de la naissance de M. Jansenius, que d'une journée & demie.

4. Si le P. Hazart en vouloit piûtost croire le témoignage des morts, que celuy des vivans: ne devoit-il pas, comme un sage Historien, consulter ceux qui sont celebres, qui ont écrit expressement l'histoire, & qui ont parlé de M. Jansenius: comme sont M. Dresselius, & les autres, dont j'ay rapporté ou marqué le témoignage, plûtost qu'un petit livre bleu, qui n'est de nulle consideration, & qui n'a pas esté counu dans le monde.

5. Que s'il en vouloit croire ceux de sa Societé, quoy que leur témoignage soit fort reprochable quand ils parlent au desavantage de M. Jansenius, qu'ils regardent comme leur partie, il n'avoit qu'à lire les Eloges que la seule force de la verité leur a fait faire en l'honneur de cét Evêque. Il y auroit vû comme ses Confreres mesme ont reconnu qu'il avoit retenu la Religion de ses Peres, & qu'ils en ont fait le sujet d'un de ses Eloges:

Innocuus vitæ, vir RELIGIONIS AVITÆ. *Synchrism. Dipnicon.*

Omnis abest labes, nomen & omen habes.

Si le P. Hazart a donc suivi le Libelle du P. du Bourg, ç'a esté de tres-mauvaise foy: & s'il n'a pas sçû que le Pere de M. Jansenius a toûjours esté tres-bon Catholique, ce n'a esté, que parce qu'il n'a pas voulu le sçavoir. Ainsi ayant publié contre le témoignage des Historiens, & des Jesuites de Flandre, & contre la verité, qu'il estoit heretique: on a tout lieu de presumer

ſumer qu'il a voulu faire paſſer le Pere de M. Janſenius pour heretique, afin de noircir par cette tâche M. Janſenius meſme.

Ce qui appuye cette preſomption, c'eſt qu'on ſçait que l'artifice de quelques Ecrivains eſt de ne ſe contenter pas de décrier comme des heretiques, ceux qui s'oppoſent à leurs ſentimens & à leurs maximes ; mais de publier auſſi que leur Pere meſme eſtoit heretique ; afin que l'hereſie ſoit conſiderée en eux comme un mal & une tâche hereditaire. N'eſt-ce pas par cét artifice que dans pluſieurs libelles, dont on a ſoupçonné que les confreres du P. Hazart ſont les auteurs, on a tâché de dechirer la memoire du Pere de M. Arnauld, & qu'on a eu l'impudence d'aſſurer qu'il eſtoit Calviniſte?
M. Duplex. N'avoit-on pas meſme engagé un Hiſtorien de France à le mettre dans ſon hiſtoire ? Mais une impoſture ſi hardie, qui deshonoroit une famille ſi illuſtre & ſi connue en France, fut bientoſt confondue par le témoignage public de tout le Royaume, & par la reparation publique que M. Duplex, qu'on avoit ſurpris, eut la generoſité de faire de l'outrage qu'il avoit fait à la memoire de M. Arnauld Pere de M. Arnauld le Docteur. *Antoine Arnauld*,
Duplex en la vie de Henry IV. p. [illegible] dit cét Hiſtorien en ſe retractant, *homme tres-eloquent, fut employé pour playder la requeſte des Demandeurs. J'avois crû cy-devant*, SUR DE MAUVAISES INSTRUCTIONS, *qu'il fuſt* RELIGIONNAIRE. *Mais la verité eſt qu'il ne le fut jamais. Il a laiſſé des enfans tres-vertueux & tres-zelez à la Religion Catholique.*

Cette hardieſſe à calomnier les Peres, pour noircir les enfans, ne donne-t'elle pas lieu de preſumer que c'eſt dans cet eſprit & ſuivant ce nouvel artifice, que le P. Hazart à l'imitation du P. du Bourg, a publié dans un de ſes Triomphes, que le Pere de M. Ianſenius eſtoit Calviniſte. Triomphe des Papes p. 297. col. 1.

Il eſt vray que le P. Hazart dit encore dans l'ecrit qu'il a donné à M. l'Internonce, qu'il n'a rien écrit contre Ianſenius ny contre ſon Pere, dans le deſſein de les diffamer, ny leur famille. Mais ce n'eſt pas aſſez de le dire; il le doit prouver ; & s'il ne le prouve, il doit ſelon les Loix eſtre puni comme un Diffamateur & comme un Calomniateur. C'eſt aſſez qu'il reconnoiſſe dans cét Ecrit que ce qu'il a dit du Pere de M. Janſenius en aſſurant qu'il eſtoit heretique, eſt contre l'honneur de cette famille. Car celuy qui écrit ou dit quelque choſe contre l'honneur de quelqu'un eſt preſumé ſelon les loix, le dire dans le deſſein de le diffamer, & il doit ſubir la peine des Diffamateurs, & des Calomniateurs. *[illegible]*

Pour les eviter le P. Hazart trouve une admirable defaite. Il n'avoüe pas abſolument qu'en publiant que le Pere de M. Ianſenius eſtoit heretique, il ait dit quelque choſe qui ſoit contre l'honneur de cette famille : il ne l'avoue que ſuppoſé que ce ſoit une injure & un deshonneur à une famille, que le Pere en ſoit heretique. Voicy les paroles du P. Hazart dans ſon Ecrit à M. l'Internonce, & que M. l'Internonce a mis entre les mains du Procureur des Demandeurs : *Si*, dit-il, *c'eſt un deshonneur à cette famille, que le Pere de Janſenius ait eſté heretique.*

N'eſt-ce pas quelque choſe de bien ſurprenant, qu'un P. Hazart, qui fait tant le zelé pour convertir les heretiques, faſſe ſi peu d'eſtat de la Religion Catholique, & tienne pour ſi indifferent d'eſtre heretique, qu'il ne croye

croye pas qu'une famille doive s'en faire un deshonneur ? N'est-ce pas en quelque maniere insulter au saint Siege, que de presenter à son Internonce un Ecrit, où l'on marque qu'on ne croit pas que l'heresie soit un crime infamant, ny qu'une famille Catholique se doive tenir deshonorée d'avoir eu un Pere heretique ?

Quant à ce qu'il dit que M. Jansenius se montra en apparence Catholique, quoy qu'il n'en ait aucune preuve, & que ce soit mesme contre le témoignage exprés du P. du Bourg, qui dit formelement que Jansenius *se* DECLARA *Catholique* : bien loin d'estre disposé à s'en retracter, il soûtient cette injure & cette calomnie avec une telle insolence dans l'Ecrit qu'il a donné à M. l'Internonce, & que M. l'Internonce a communiqué au Procureur des Demandeurs, qu'il ose y dire qu'il a traitté M. Jansenius avec beaucoup de douceur, en ne disant pas positivement qu'il estoit heretique en son cœur, & se contentant de dire qu'il estoit Catholique en apparence. N'est-ce pas se mocquer de la justice, que de soûtenir dans un Ecrit mis entre les mains de M. l'Internonce, une calomnie, dont il ne sçauroit avoir nulle preuve : car ce qu'il rapporte d'un Jesuite, qu'il travestit en Gentilhomme, n'en dit pas un seul mot, & cette injure est contre le témoignage exprés de son P. du Bourg, auquel il ajoûte une entiere creance, quand il parle au desavantage de M. Jansenius.

Triomphe des Papes p. 297. col. 1. Histoire du Jansen p. 6.

Le P. Pintereau cité par la P. Hazart sous le nom d'un Gentilhomme.

Les Demandeurs soûtiennent en troisiéme lieu, que c'est contre toute verité & contre toute justice, que le P. Hazart a dit & publié que M. Jansenius estant en Espagne y ait voulu semer une nouvelle doctrine, que l'Inquisition l'ait poursuivi pour le faire arrêter, & qu'il se soit enfuy.

III. CALOMNIE. Dans le même Triom. p. 298. col. 1.

Car outre que le P. Hazart n'a nul témoignage legitime de ces faits importans & injurieux ; & qu'il paroît assez qu'il ne parle si desavantageusement de M. Jansenius, que parce qu'il estoit deputé de l'Université de Louvain, comme il le rapporte luy-mesme, pour en solliciter & poursuivre les affaires contre les Jesuites, il n'y a personne de bon sens qui ne voye combien cette imposture est injuste & grossiere.

Au lieu cité.

Il est constant que l'Université de Louvain a deputé deux fois M. Jansenius, pour aller à la Cour d'Espagne, & pour y solliciter ses affaires. Ce qui marque l'estime qu'on avoit de sa prudence & de sa conduite ; & que ce n'estoit pas un homme à semer des dogmes, qui l'eussent mis en proye à l'Inquisition, & qui eussent par là ruiné les affaires, pour lesquelles il estoit envoyé.

Il est vray qu'il parut dans les Universitez de Salamanque & de Valladolid. Mais il ne s'en attira que l'estime & l'admiration, qui ne contribuerent pas peu au bon succés des affaires qu'il sollicitoit, comme le témoigne M. Dresselius : *ubi quâ prudentiâ*, dit cét Historien, *ac dexteritate se gesserit* (Cornelius Jansenius) *tum apud Catholicum Regem, tum in Academiis Salmanticensi & Vallisoletana, fœlicissimus utriusque Legationis eventus docuit.*

Loc. cit.

Il est en effet tres-constant que M. Jansenius finit & termina tres-heureusement en Espagne les affaires qu'il y poursuivit : car il empêcha que les Jesuites eussent une Leçon dans l'Université de Louvain. N'est-ce donc pas une imposture aussi grossiere, que criminelle, de dire qu'il s'enfuit d'Espagne en toute hâte, pour n'estre pas arrêté par l'Inquisition ?

Enfin il est constant, que quatre ou cinq ans aprés son heureux retour

 d'Esd'Eſpagne, à ſçavoir l'an 1630. Sa Majeſté Catholique, pleinement informée de ſa foy, de ſa pieté, de ſa ſcience, de ſa fidelité & de ſes grands merites, le choiſit & le nomma pour eſtre Profeſſeur de la ſainte Ecriture, dans ſon Univerſité de Louvain : & que cinq ans aprés, c'eſt à dire, l'an 1635. Sa Majeſté connoiſſant que M. Janſenius meritoit d'occuper une autre chaire, où ſa pieté & ſa ſcience fuſſent encore plus utiles à l'Egliſe, le nomma à l'Evêché d'Ipre.

Comment donc pourroit-il eſtre vray, & qui pourroit croire que Sa Majeſté Catholique eût nommé à la premiere chaire d'une de ſes plus celebres Univerſitez, & meſme à un ſiege Epiſcopal, un homme qui peu de temps auparavant auroit eſté pourſuivi par ſon Inquiſition, & qui ſe ſeroit enfuy d'Eſpagne, de peur d'y eſtre ſaiſi & arrêté comme un heretique, ou tout au moins comme un homme dont la Foy auroit eſté ſuſpecte : ce qui n'auroit pu eſtre caché à Sa Majeſté ni à ſon Conſeil.

Les Demandeurs n'entreprennent icy que de faire voir les impoſtures du P. Hazart, pour juſtifier leur plainte, & la foy & la pieté de leur grand-Oncle, par le choix tres-ſage qu'un Grand Roy en fit pour remplir ces deux chaires.

Mais ce n'eſt pas à ceux qu'on a diffamez, de prouver que ce qu'on leur impoſe, n'eſt pas : & il ſeroit auſſi injuſte que ridicule de le pretendre. C'eſt neanmoins ce que prétend le P. Hazart contre toutes les loix : ſelon leſquelles c'eſt au Diffamateur de donner des preuves de ce qu'il a avancé d'injurieux contre des gens de bien : en ſorte que s'il n'en produit point de valables il doit eſtre condamné & puni comme un Diffamateur & un Calomniateur.

L. ſi quis famoſum. C. de famoſis libel. l. nefarii C. de Calumniat. & c. qui in 5. q. 1. & Canon. inc. cum auctor. & de Calumniat.

Or il ne faut pas que le P. Hazart s'imagine que c'en ſoit une de dire, comme il fait, dans ſon écrit à M. l'Internonce, qu'il n'a avancé ce fait de la pretendue recherche que l'Inquiſition d'Eſpagne fit de M. Janſenius, qu'aprés un Jeſuite, qui l'a lui-même avancé ſans en avoir & ſans en donner la moindre preuve, & ſans marquer d'où il a appris un fait ſi important, & qu'il n'a pu ſçavoir de lui-même, puiſqu'il n'eſtoit pas alors en Eſpagne. Le P. Hazart ne doit donc pas prétendre eſtre innocent, ni qu'on ne le ſçauroit punir comme un Diffamateur ; parce qu'il ne l'eſt qu'aprés un de ſes confreres.

Car outre que celuy qui a inventé des calomnies, ne juſtifie pas celui qui les publie : le P. Hazart calomnie d'une maniere plus criminelle, que n'a fait ſon P. du Bourg, dont il debite les impoſtures. Le livre du P. du Bourg, d'où le P. Hazart a dêterré cette calomnie atroce, n'eſt qu'un méchant petit libelle, qui a paru à peine dans le coin d'une Province de France, qui a eſté vû de tres-peu de gens, & qui portoit ſa refutation ſur le front, je veux dire, dans ſon titre, qui découvroit manifeſtement que tout ſon deſſein eſtoit de décrier des Theologiens tres-Catholiques, & d'en faire une ſecte d'heretiques.

Cette malignité eſtoit la meſme que celle du P. Hazart ; mais l'effet en eſtoit bien moins à craindre. Car l'ouvrage, où ce dernier Calomniateur a tranſplanté, pour ainſi dire, les calomnies du premier, contient trois volumes *in Folio* : & il ſe conſervera éternellement dans les Bibliotheques de

la

la Societé, & chez ses devots. Le titre qu'il leur donne, de *Triomphes des Papes*, a aussi quelque chose qui attire le respect & la creance des Catholiques: & on est aisément porté à croire que des faits importans, qu'on trouve dans des livres si considerables, n'y ont esté mis qu'aprés avoir esté bien examinez. Ainsi ce que le P. Hazart a fait, en transferant dans ses gros livres Flamands les calomnies Françoises d'un Jesuite Bourdelois, est bien pis, que s'il avoit publié & debité ce libelle gascon en ce païs-cy. Or celui qui publie & debite un libelle diffamatoire, ou ce qu'il contient, doit, comme on l'a déjà dit, estre puni selon les loix de la mesme peine, que s'il en estoit l'auteur.

L. unica C. de famosis lib. & DD. l. 47. tit. 10. c. lett. Cornelia.

C'est donc en vain que le P. Hazart se flatte que quand il aura des Juges, il en sera quitte pour leur dire qu'il n'est pas le premier inventeur de ces calomnies; & que les ayant trouvées dans le libelle d'un autre Jesuite, il les a crues de bonne foy. Car ce n'est point de bonne foy qu'on croit des choses préjudiciables à l'honneur du prochain, quand on les croit sans raison, & contre la Loy de Dieu. Or c'est les croire sans raison & contre la Loy de Dieu, que de les croire, de les assurer, & de les publier sur le simple rapport d'un libelle diffamatoire, qui n'apporte aucune preuve d'un fait tres-important, & tres-injurieux à un Evêque; & qui contient mille faussetez visibles. C'est donc une pure illusion, qui ne sera pas reçûe par des Juges équitables, de dire que le P. Hazart a crû & publié de bonne foy & innocemment ce qu'il n'a pu croire, que par un jugement temeraire & tres-criminel devant Dieu, ni publier que par une tres-grande injustice.

On demanderoit icy volontiers à toute la Societé, si elle ne se plaindroit pas d'un Historien, qui assureroit & publieroit dans un de ses livres que saint Ignace de Loyola *s'enfuit d'Espagne lors que l'Inquisition se vouloit saisir de luy, sur le bruit qui couroit qu'il estoit dans l'heresie des Illuminez*. Tous les Jesuites luy en feroient sans doute un grand crime. Mais lors que cét Historien leur diroit qu'il ne l'a écrit qu'aprés un Auteur Espagnol, qui dit l'avoir appris des memoires d'un Theologien & d'un Evêque fort celebre, qui est Melchior Canus; qu'il a crû cét Auteur de bonne foy, qu'il écrit en historien, & qu'il n'a eu nul dessein de diffamer celui dont il a parlé, les Jesuites l'en tiendroient-ils quitte? L'exempteroient-ils d'un grand peché? Et ne l'obligeroient-ils pas à faire au moins une reparation publique de cette injure? Que tous les Jesuites soient donc les Juges du P. Hazart & de son Approbateur & complice. Et s'ils ont quelque justice, ne les condamneront-ils pas comme des Diffamateurs & des Calomniateurs, pour avoir publié que M. Jansenius s'est enfui d'Espagne, estant poursuivi par l'Inquisition, sans en avoir d'autre preuve qu'un miserable libelle, qui ne merite aucune créance.

Societatis Jesuitarum Fundator & Generalis est quidam Ininicus, (qui & Ignatius) qui fugâ ex Hispaniis evasit, cùm eum Inquisitio vellet comprehendere, quod de Illuminatorum hæresi esse diceretur. Melchior Canus Episc. Cana. relatus ab Alph. de Vargas Tolet. Relar. c. 1.

Pour soûtenir son mensonge, & pour se défendre en mesme temps de l'injure qu'il fait à Sa Majesté Catholique, il dit, sur la foy d'un autre menteur, qu'en l'espace de trente ans qui s'estoient passez depuis la fuite de M. Jansenius d'Espagne, jusqu'à ce qu'il ait esté nommé à la chaire de Louvain, ou au moins à l'Evêché d'Ipre: le soubçon que l'Inquisition avoit eu des erreurs de Jansenius & le souvenir de sa fuite avoient pu estre effacez. Mais il ne pouvoit rien avancer qui fit voir plus clairement son imposture, & celle de l'Auteur qui luy a fourni cette défaite. Car il est constant que

En son Ecrit.

Nota bene.

M. Jan-

M. Jansenius fut nommé à la chaire de Louvain l'année 1630. & à l'Evêché d'Ipre l'année 1635. Ainsi, s'il est vray, comme le dit le P. Hazart avec le menteur Marandé qu'il y avoit trente ans que M. Jansenius s'estoit enfuï d'Espagne, où l'Université de Louvain l'avoit deputé, il faut que M. Jansenius ait esté deputé & envoyé en Espagne pour solliciter les affaires de l'Université de Louvain, environ l'an 1600. ou tout au plus tard l'an 1605. & par consequent lors qu'il n'estoit âgé que de quinze ans ou de vingt, tout au plus: estant certain qu'il est né l'année 1585.

En son Ecrit.

N'est-ce pas là une conviction bien evidente de l'imposture & de la calomnie du P. Hazart ? Et se voyant ainsi confondu, ne devroit-il pas luy-mesme prevenir son jugement, reconnoistre publiquement sa faute, & reparer par une retractation publique l'injure atroce qu'il a faite à M. Jansenius.

IV. CALOMNIE. En son Triomphe des Papes p. 258. col. 1.

Enfin les Demandeurs en reparation soûtiennent que c'est contre toute verité & toute justice, que le P. Hazart a publié que M. Jansenius revenant d'Espagne, & passant par la France s'y trouva à une secrete conference & qu'il y fut d'avis *qu'il falloit aneantir les Mysteres ; que la creance en est inutile & une fourberie ; & que c'estoit assez de croire qu'il y a un Dieu.*

Comme le dessein formel d'aneantir le Christianisme, & de le faire passer pour une fourberie, seroit le plus diabolique dessein que l'enfer pust inspirer, & meriteroit le feu : aussi ne peut-on accuser publiquement un Prestre & un Docteur, d'avoir formé ce dessein, & d'en avoir conclu l'execution, sans en estre tres-pleinement informé, & sans en avoir des preuves incontestables. Ou si on a la hardiesse de l'accuser d'un attentat si diabolique, sans en avoir des preuves irreprochables, & sans en estre parfaitement assuré, on doit estre condamné comme le plus insolent & le plus temeraire de tous les Diffamateurs & Calomniateurs.

C'est donc aux Juges de voir ce que meritent le P. Hazart & M. Antoine Hoefslaegh, qui accusent publiquement M. Jansenius de cét abominable dessein, sans en avoir aucune assurance, ny aucune preuve legitime & suffisante.

Au contraire toute la vie de M. Jansenius fait evidemment voir la fausseté & la malice de cette horrible imposture & de cette effroyable calomnie. La singuliere devotion avec laquelle M. Jansenius celebroit l'Auguste Mystere des Autels, la pureté avec laquelle il s'y preparoit, ses pieux entretiens, ses frequentes & ferventes Oraisons, connuës de tous ceux qui ont eu quelque habitude avec luy, le peuvent témoigner.

Les Livres admirables, dans lesquels ce pieux & sçavant Evêque a expliqué nos Mysteres & les veritez du saint Evangile, sont des preuves éclatantes & certaines de ses sentimens, & du respect & de l'amour sincere qu'il avoit pour nos Mysteres, & pour nostre Religion ; & que le P. Hazart n'a pû dire que par la plus noire & la plus criminelle de toutes les calomnies, que ce Prelat ait eu dessein de l'aneantir.

Pour appuyer cette calomnie, le P. Hazart rapporte un certain Libelle, qui a paru en France sous le nom de Filleau, dans lequel on a inventé & debité l'histoire, ou plûtost la fable de la conference de Bourg-fontaine, en disant, pour luy donner quelque creance, qu'on l'avoit apprise d'une personne de pieté, qui y avoit esté presente, & qui en sortit, dit l'Histoire, avec une extreme horreur de ce qu'il y avoit entendu.

Mais

Mais le P. Hazart ne pouvoit rien rapporter qui l'excusast moins, & qui fist plus visiblement voir la fausseté de toute cette histoire, qui paroist d'ailleurs n'avoir esté inventée, que pour noircir la reputation de quelques personnes d'une pieté & d'une science tres-reconnuës, mais qui n'avoient pas le bonheur de plaire aux Jesuites.

Car on remarque dans ce Libelle que Filleau qui s'en est declaré l'Auteur s'est bien gardé de nommer la personne qu'il dit avoir esté presente à cette conference, & qui luy avoit rappporté ce qui s'estoit passé : parce qu'on eust pû sçavoir de cette personne si en effet elle avoit vû & rapporté ce qu'on luy fait dire.

Mais cet artifice est trop grossier, & au lieu de couvrir la fausseté de ce mensonge, il la découvre. Car un témoin qui ne veut point dire son nom, ne doit pas estre pris pour un témoin : & non seulement il ne merite nulle creance : mais on doit présumer que c'est un menteur qui ne doit pas estre écouté sur tout dans un fait aussi important que celuy dont il s'agist.

Si ce fait estoit veritable, pourquoy taire le nom de la personne, qui auroit découvert un dessein si diabolique & si pernicieux à la Religion & à l'Estat. Bien loin de s'attirer par là aucun reproche, il auroit merité l'estime de tous ceux qui aiment l'Estat & la Religion, & il auroit eu mille benedictions ? Mais sur tout pourquoy le taire aprés qu'on a conjuré tant de fois ledit Filleau de le declarer ? Ce qui est une preuve certaine que s'il ne l'a pas voulu dire, c'est qu'il ne l'a pû ; & qu'il ne l'a pû, parce qu'on ne sçauroit dire le nom d'un homme qui n'est point & qui ne fut jamais.

On remarque en second lieu, que celuy qui a écrit cette fable n'a pas pris garde que M. Arnauld, qui est un des principaux dont il luy a plû de composer cette Assemblée & cette Conference, comme le P. Hazart mesme le rapporte dans l'Ecrit qu'il a donné à M. l'Internonce, n'estoit encore qu'un jeune enfant de neuf ans en l'année 1621. qui est le temps auquel selon le premier Auteur de cette fable & l'aveu du P. Hazard, cette conference de Bourg-fontaine a esté tenuë. En son Ecrit.

Enfin on remarque que l'an 1621. M. Jansenius n'avoit point encore esté deputé pour aller en Espagne, & qu'il n'y fut envoyé que l'an 1624. pour la premiere fois, & l'an 1625. pour la seconde & la derniere.

Ce qui montre évidemment que cette prétenduë Conference est purement imaginaire, & que c'est une imposture grossiere de dire, comme fait le P. Hazart, que Jansenius y a assisté en passant par la France, & s'enfuyant d'Espagne pour éviter d'estre arresté par l'Inquisition. Dans son Triomphe des Papes p. 298. & dans son Ecrit.

Il est donc clair que le Libelle où cette prétenduë Conference est rapportée, n'a pû estre composé que par un insigne imposteur, qui n'estoit pas assez habile dans l'art de mentir, & d'ajuster les temps, & qui merite plus d'estre puni, que d'estre crû. Et le P. Hazart, qui ne donne pas ce Libelle pour ce qu'il est, en laissant à la prudence de ceux qui le lisent, d'en juger, mais qui en soutient & en publie les impostures comme des veritez assurées, non seulement ne merite pas plus de creance, mais merite d'estre puni avec toute la severité, dont les Loix Civiles & Canoniques veulent qu'on punisse aussi bien ceux qui écrivent, debitent & publient de si noires & de si malicieuses calomnies, que ceux qui les invitent. Dans son dit Triomphe, & dans son dit Ecrit.

Au

Au reste, les Demandeurs en reparation n'ont rien à demesler avec ceux qui peuvent avoir debité de semblables calomnies en France, & dont ils n'ont nulle connoissance. C'est contre le P. Cornelius Hazart Jesuite d'Anvers, & contre M. Antoine Hoefslaegh son Approbateur & son Complice, que les Loix leur donnent droit de se plaindre, & de demander justice, comme contre ceux qu'ils sçavent qui ont publié en langue Flamande toutes ces calomnies.

DD. de injuriis & fam. lib. c. injuria & c. item apud Labeonem.

Le P. Hazart témoigne déjà assez dans l'écrit que M. l'Internonce a communiqué au Procureur des Demandeurs, qu'il ne sçauroit fournir de preuves legitimes & suffisantes des faits injurieux, qu'il reconnoît avoir écrits contre M. Jansenius & contre son pere. Et il declare assez qu'il ne veut point entreprendre de les soûtenir. Il prétend seulement ne devoir point estre condamné comme un Calomniateur. C'est à cette conclusion qu'il a reduit toutes ses défenses & toutes ses réponses. Toute la raison qu'il en donne, est que pour estre Calomniateur, ce n'est pas assez que ce qu'on a dit soit faux, mais qu'il faut qu'on l'ait dit malicieusement, & qu'on en ait connu la fausseté. Ce qu'il tache d'appuyer sur l'autorité de quelques Intrepretes du Droit, & sur celle de S. Thomas.

Dans son Ecrit.

Mais il confond ou par ignorance ou par malice ce qu'il faut bien distinguer. Car le crime de *calomnie* peut avoir rapport, où à une accusation qu'on fait en justice & devant des Juges; ou à des faits injurieux qu'on publie dans des libelles contre l'honneur de quelqu'un.

Ce n'est que de la premiere sorte de calomnie, ou d'accusation fausse, que les Theologiens & les Jurisconsultes disent, que si elle n'est point malicieuse, & que celuy qui l'a faite le puisse prouver, il ne doit pas souffrir la peine des Calomniateurs, quoy que ce qu'il a avancé se trouve n'estre pas veritable. La raison est, qu'une accusation qui est faite en forme, doit estre de soy-mesme presumée faite pour le bien public, & afin qu'on remedie au mal : & qu'enfin on en laisse l'examen & le jugement aux Juges.

Or il ne s'agit nullement icy de cette sorte de calomnie : on ne se plaint point que le P. Hazart ait imposé à M. Jansenius ni à son pere de faux crimes, par une accusation faite en forme & devant des Juges. Cela seroit beaucoup plus supportable, que d'avoir publié contre eux des choses si injurieuses dans des livres, que le peuple croit sans en faire l'examen. Ainsi tous les témoignages, que le P. Hazart rapporte dans son écrit, & qui disent, qu'une accusation juridique ne doit point passer pour calomnie, quoy qu'elle soit fausse, si elle n'est faite malicieusement, ne font rien pour luy.

Car il faut qu'il avouë que le mot de *calomnie* est souvent pris dans un sens plus étendu, pour toute injure par laquelle on impose à quelqu'un quelque faux crime. C'est en ce sens que le Texte sacré & les saints Peres se servent de ces mots, *calumniari*, *calumnia*. Et c'est aussi en ce sens, & selon le langage non-seulement de l'Ecriture & des Peres, mais aussi du peuple que les Demandeurs en reparation contre le P. Hazart & M. Antoine Hoefslaegh son Approbateur & complice, soûtiennent qu'ils sont des Calomniateurs publics; & qu'ils demandent qu'ils soient condamnez & punis comme tels; c'est à dire, comme des Diffamateurs publics, qui imposent de faux crimes; & comme des Autheurs de livres injurieux & diffamatoires.

De plus que le P. Hazart declare, tant qu'il lui plaira, que son intention

n'a

n'a point esté de deshonorer M. Jansenius ni son pere : Il le doit prouver selon le *c. cum dilectus & de calumniat.* & selon Julius Clarus, qui dit formellement que toute injure est presumée faite avec dessein d'outrager, si on ne prouve le contraire. Et c'est ce que le P. Hazart ne sçauroit faire. *L. 5. sect. 5. injuria.*

Mais quand il prouveroit que son intention n'a point esté de deshonorer M. Jansenius ny son pere, cela ne l'excuseroit pas ny son Approbateur devant Dieu, ny devant les hommes: Et c'est le sentiment de tous les Interprétes du Droit Canon ou Civil; c'est celuy des Theologiens, & celuy des Casuistes mesme les plus relâchez.

Julius Clarus, que nous venons de citer, fait la question, & il demande *si celui, qui a fait injure à quelqu'un, se peut défendre en disant qu'il n'a pas eu dessein de faire injure.* Voilà justement nostre question. Que répond ce Jurisconsulte ? Il donne sa resolution en quatre mots: *Je répond que non.* Y a-t'il rien de plus décisif? Et ne voila-t'il pas en quatre mots, la condamnation du P. Hazart & de son complice? La raison qu'il en donne acheve ce jugement: *parce que*, dit-il, *toute injure dans le doute est presumée faite avec dessein d'outrager, si on ne prouve le contraire. Et c'est*, ajoûte-t'il, *ce que concluent communement tous les Docteurs: comme dit Soci.* Conf. 146. post num. 7. vers. *circa tertiam.* l. 1. *& Paris.* Conf. 149. n. 19. l. 4. *declare aussi que c'est le sentiment commun.* Ce qui est conforme à la Loy: *sinon c. de injuriis*: & au *c. cum dilectus. Ex de calumniat.* Pour S. Thomas, il dit formellement que lors qu'une injure, qu'on a dite par mégarde, ôte l'honneur de celuy contre lequel on l'a dite, elle peut estre un peché mortel, quoy qu'on ne l'ait pas dite dans le dessein d'ôter l'honneur de cette personne. Et ailleurs, parlant de la necessité de faire restitution, pour estre sauvé, il dit qu'on ôte l'honneur à son prochain en trois manieres, dont l'une est lors que ce qu'on dit est faux, & qu'on le dit injustement : & alors on est obligé de restituer l'honneur, & de declarer que ce qu'on a dit est faux. *Loc. cit.* *22. 72. 2. c.* *2. 2. 62. 2. ad 2.*

Diana demande si celui, qui a diffamé quelqu'un en disant quelque chose de faux, est obligé de jurer que ce qu'il a dit, est faux. Sur quoy il répond que plusieurs Theologiens & Canonistes, qu'il marque, tiennent qu'il est obligé de jurer. Il ajoûte que Philippus Faber a crû neanmoins qu'en ce cas on n'estoit pas obligé de jurer; mais qu'on estoit obligé en conscience de faire une retractation serieuse devant ceux en presence de qui on a diffamé son prochain. *Resol. Mor. tr. 5. Misc. resol. 29.*

Markantius, que le P. Hazart loüe tant, dit qu'*outre que la médisance est un peché mortel: on est obligé à la restitution de l'honneur.* *Hort. past. tr. 4. lect. 17. prop. 2.*

Enfin Lessius mesme assure que *la médisance est un peché mortel, lors que ce qu'on dit, blesse notablement l'honneur du prochain, quoy qu'on l'ait dit sans dessein.* Et peu aprés, il dit que *si on a publié quelque crime qui soit faux, on doit employer toute son industrie pour ôter cette fausse opinion des esprits; & qu'on est obligé de leur faire connoistre qu'on a esté trompé, ou mesme de confesser qu'on a menti.* Ce Casuiste tout relaché qu'il est, ne laisse pas de dire positivement que *celui qui a raconté quelque chose, dont le prochain a esté diffamé, croyant de bonne foy que la chose estoit veritable & mesme publique, est obligé de faire restitution, aussi-tost qu'il connoist qu'il s'est trompé.* *L. de Jure & just.* *De Jure & just. l. 2. c. 12. dub. 3.* *Dub. 21.*

Il faudroit donc fouler aux pieds toutes les loix & toutes les regles de la ju-

stice

ftice Chreftienne, & eftre plus injufte que les plus relachez Cafuiftes, pour ne pas condamner le P. Hazart, & M. Antoine Hoefslaegh fon Approbateur & complice, non-obftant leur prétenduë bonne foy, à reparer publiquement l'injure qu'ils ont faite à M. Janfenius à fon pere & à toute leur famille: & pour ne pas écouter les juftes plaintes, que les Demandeurs font de leurs calomnies.

Ils s'en pleignent avec trop de droit; Et la fauffeté & l'injuftice des injures & des calomnies, que lefdits P. Hazart & M. Antoine Hoefslaegh ont publiées contre l'honneur du grand-Ayeul & grand-Oncle defdits Demandeurs, eftant fi évidente, ils ont tout fujet d'efperer que leurs Juges, fi l'injuftice & le credit de leurs parties ne continuë d'empefcher qu'on ne leur en donne, écouteront favorablement leur plainte; & qu'ils condamneront leurs parties, outre les autres peines de droit, à faire une retractation publique & dans les formes de tout ce qu'ils ont écrit, dit & publié contre M. Janfenius & contre fon pere.

FIN.

ATTESTATION

De deux anciens Habitans de Reynoy.

POUR

Jean Otto Acquoy, Pere de l'Illuftriffime Cornelius Janfenius Evêque d'Ipre.

NOus Jacques Crynen & Pierre Nicolas Echevins de Reynoy foûfignez certifions que devant nous Echevins ont comparu Lambert Nicolas habitant de Reynoy qui a declaré eftre âgé de foixante & douze ans; & Marcel Ottens auffi habitant dudit Reynoy, lequel a declaré eftre âgé d'environ foixante & huit ans; & ont tous deux enfemble à l'inftance & requifition des parens du Reverendiffime Cornelius Janfenius d'heureufe memoire en fon vivant Evêque d'Ipre, attefté & declaré comme ils atteftent & declarent par ces prefentes, que depuis leur jeuneffe jufqu'au temps prefent ils ont converfé avec les parens dudit Reverendiffime M. Janfenius, & qu'en leur vie il n'eft venu à leurs oreilles, & qu'ils n'ont oüi perfonne dire que le Pere dudit Reverendiffime ait efté heretique Calvinifte; mais qu'ils ont bonne connoiffance que lui & fes defcendans ont eu le nom & la reputation de veritables & finceres Catholiques, & qu'ils ont auffi à leur grand peril les jours de Fefte logé la nuit les Preftres, & tenu les Affemblées des Catholiques dans leur maifon: Que le divin Service s'eft fait dans le logis du Pere dudit Reverendiffime, par où la vraye Foy Catholique s'eft augmentée & accruë en ces quartiers. Declarent lefdits Comparans qu'en leur jeuneffe ils ont efté au Service Divin dans ladite maifon. Ils atteftent & declarent ces chofes eftre veritables: Et comme on eft tenu de rendre témoignage de la verité, fingulierement en étant requis, lefdits comparans ne peuvent refufer auxdits parens leurs lettres d'Atteftation; & ils les leur actroyent & donnent, pour les pouvoir exhiber & montrer par tout où il leur pourra eftre utile & neceffaire. Declarent auffi les Comparans qu'en cas qu'il fuft neceffaire, ils font prefts de confirmer par ferment cette Atteftation. Pour veritable certificat nous-dits Echevins avons figné de noftre propre main les prefentes. Fait à Reynoy le 26. Nov. 1684.

Signé

JACQUES CRYNEN: PIERRE NICOLAS.

www.ingramcontent.com/pod-product-compliance
Lightning Source LLC
LaVergne TN
LVHW050515160826
845677LV00003B/1141

* 9 7 8 2 3 2 9 6 3 2 3 8 4 *